AF259697

LES

PRUSSIENS

A BERNAY

Combat du 21 janvier 1871

NOUVELLE ÉDITION CORRIGÉE

SUIVIE

D'UNE RÉPONSE

AU CORRESPONDANT DU JOURNAL le Times.

Prix : 25 centimes

Au profit des Pauvres

BERNAY

IMPRIMERIE DE VEUVE ALFRED LEFÉVRE

1871

La reproduction est interdite.

Les Prussiens à Bernay

COMBAT DU 21 JANVIER 1871

Après les désastres sans exemple qui ont accablé notre malheureuse Patrie, on est avide de rechercher les traces de l'héroïsme qui a sauvé l'honneur de la France et qui permet d'espérer des jours meilleurs dans l'avenir.

Parmi les villes qui ont donné l'exemple du courage et de l'héroïsme dans cette guerre affreuse, la petite ville de Bernay est une de celles qui méritent d'être citées en première ligne.

Les habitants de cette contrée située en pleine Normandie sont le type du sang Normand mêlé au vieux sang Gaulois, bons et serviables dans les conditions ordinaires de la vie, ils sont défiants et tenaces dans les circonstances graves, et ils possèdent une énergie et une fermeté de résolution à toute épreuve.

La ville de Bernay, privée de garde nationale depuis le commencement de l'Empire,
avait perdu, comme presque toutes les villes
de France, l'habitude des armes et de l'organisation militaire, cependant dès nos premiers
revers, au mois d'août 1870, un certain
nombre de Bernayens parmi lesquels se
trouvaient des pères de famille, demandèrent
à former des compagnies de francs-tireurs,
pour la défense de leurs foyers; le décret
sur l'organisation des gardes nationales étant
paru presqu'au même moment, cette circonstance arrêta la formation des compagnies de
francs-tireurs et ce fut dans les rangs de la
garde nationale que se confondirent tous
ceux qui avaient eu les premiers la pensée
de se mettre en mesure de défendre leurs
foyers.

Au commencement d'octobre, une partie
de la Normandie était envahie, Mantes,
Gisors et tout le Vexin Français étaient au
pouvoir des armées Allemandes; Rouen, la
capitale de l'ancienne province Normande,
Evreux, le chef-lieu du département de
l'Eure, étaient menacés. Après l'apparition
de quelques éclaireurs ennemis aux portes
d'Evreux vers la fin d'octobre, les gardes
nationaux de Bernay, ayant à leur tête le brave
commandant Goujon, leur instructeur et or-
ganisateur, se rendirent au chef-lieu du dé-

partement et de là furent envoyés au Plessis-Hébert et à Boissey-les-Prévenches où ils campèrent deux jours sans que l'ennemi qui était en force près d'eux, vint les attaquer.

Depuis ce moment la garde nationale de Bernay était continuellement en éveil, montant des grandes gardes dans les bois, surveillant nuit et jour les routes et se tenant toujours prête à se porter sur les points par où l'ennemi pourrait venir menacer la ville.

Dans le mois de décembre les Prussiens étaient venus jusqu'à Beaumont-le-Roger, Goupillières et Serquigny afin de couper les lignes du chemin de fer, la garde nationale de Bernay prit immédiatement ses positions à quelques kilomètres de la ville, gardant les bois et les passages les plus favorables pour la défense; — plusieurs compagnies furent même, après deux jours de campement dans les bois de Plasnes, jusqu'à Carsix pour descendre sur la Rivière-Thibouville avec les mobiles qui étaient postés près de là, afin d'arrêter environ 200 Prussiens engagés avec deux pièces de canon dans de mauvais chemins d'où ils avaient peine à sortir ; le commandant des mobiles s'étant opposé à cette marche en avant, les Prussiens purent se dégager et gagner le chemin d'Harcourt pour retourner au Neubourg d'où ils étaient partis.

Quelque temps après, un certain nombre de gardes nationaux de Bernay furent appelés à Pont-Audemer pour donner appui au général Roy, après sa défaite du Château-Robert; ils montrèrent dans cette circonstance tout le zèle et le courage qu'on devait attendre d'eux.

Les événements se succédaient avec rapidité, notre armée de la Loire venait d'être battue au Mans, Alençon était occupé par l'armée ennemie; Lisieux était dans une grande anxiété, une partie de sa garde nationale était venue pour donner appui à celle de Bernay vers le milieu du mois de janvier 1871, alors que cette ville paraissait menacée sérieusement de divers côtés, mais la marche de l'armée ennemie vers le département du Calvados força les Lexoviens à rentrer chez eux; les mobiles et les francs-tireurs, qui avaient été placés sur la ligne de défense de la Risle et qui aidaient à protéger Bernay furent aussi envoyés dans le Calvados, de sorte que la garde nationale de Bernay se trouva réduite à sa seule force en présence de l'ennemi qui avançait de tous côtés.

Le samedi 21 janvier, vers huit heures du matin, le rappel se fit entendre dans les rues de Bernay; les gardes nationaux seréunirent au plus vite sur le boulevard Dubus et reçurent cmomunication de dépêches arrivées

dans la nuit à la Sous-Préfecture qui annon-
çaient que le corps d'armée du duc de Mecklembourg s'avançait par Gacé et Broglie pour
passer par Bernay et se diriger sur Rouen ; on
disait même que 15,000 hommes avaient quitté
Gacé la veille et que l'avant-garde arrivait à
Broglie : ces dépêches laissaient quelque place
au doute, aussi les officiers de la garde nationale consultés sur ce qu'il convenait de
faire furent-ils d'avis qu'on devait s'assurer
d'une manière positive si le corps d'armée
annoncé était véritablement en marche sur
Bernay, et il fut décidé que des compagnies
de la garde nationale prendraient immédiatement position sur les routes et dans les bois
du côté menacé, et que des éclaireurs iraient
en reconnaissance jusqu'à Broglie. Les gardes
nationaux présents, au nombre d'environ 300,
acclamèrent cette résolution, et après une
distribution de supplément de cartouches,
chaque compagnie se dirigea vers le point
qui lui était assigné.

La 3me compagnie, partie la première, se
plaça en tirailleurs dans le bois de M. Hache,
près de Malouve, gardant la route principale
venant de Broglie, les autres compagnies
prirent leurs positions les unes sur la route
de la vallée, les autres au bord des bois dits
d'Alençon, de façon à former une ligne de

tirailleurs depuis la vallée jusqu'à la grande route venant de la plaine.

Le samedi étant un jour de marché à Bernay, des voitures arrivaient de Broglie et les personnes qui les conduisaient, interrogées, disaient avoir vu quelques cavaliers Prussiens à Broglie, mais qu'il n'y avait pas de corps de troupe.

Vers onze heures, les éclaireurs de la garde nationale passaient devant le bois de M. Hache et se dirigeaient vers Broglie; ils avaient à peine dépassé de 300 mètres ce bois que dans le fond de la route, au milieu de la brume, apparurent des cavaliers ennemis, que les éclaireurs laissèrent arriver jusqu'a une distance d'environ 1,200 mètres, mais les cavaliers ayant reconnu des soldats Français, tournèrent bride précipitamment et se sauvèrent; un feu de peloton leur fut envoyé sans qu'aucun d'eux parût atteint; cette escarmouche fut le signal d'un combat sérieux; en effet, dix minutes ne s'étaient pas écoulées, que dans le lointain apparut une masse noire, serrée, s'avançant promptement; peu d'instants après plusieurs coups de canon tirés à la hauteur de Saint-Quentin-des-Iles annoncèrent que l'ennemi était en force, la fusillade ne tarda pas à s'engager de tous côtés, le tocsin fit entendre son glas lugubre dans les paroisses voisines, ce bruit, mêlé à celui du canon et de la fusillade, avait quelque chose d'épouvantable et qui terrifiait les malheureux habitants de Bernay.

Vers deux heures après midi, les Prussiens
s'étaient avancés au-delà de Malouve, leurs
lignes s'etendaient depuis la vallée de la Charentonne jusqu'au vallon de Saint-Nicolas,
deux de leurs pièces d'artillerie dirigées vers
la Couture envoyaient des obus et des boulets
qui fort heureusement n'atteignaient pas la
ville et tombaient pour la plupart dans la
prairie, deux autres pièces mitraillaient le
bois de M. Hache et les bois d'Alençon, afin
de déloger les gardes nationaux et les éclaireurs qui occupaient ces positions.

Au plus fort de l'action, alors qu'un certain
nombre de gardes nationaux convaincus que
la défense n'était plus possible, redescendaient
à Bernay, une pièce d'artillerie en fonte qui
était restée dans la halle de la ville, fut
amenée sur la route par quelques volontaires;
plusieurs coups de cette pièce chargée à
mitraille firent beaucoup de mal à l'ennemi,
malheureusement la position avait été mal
choisie, les artilleurs furent bientôt obligés
de se retirer pour ne pas être écrasés tous
sous les coups de l'artillerie ennemie.

La lutte se soutint au-dessous de Malouve
et vers les bois d'Alençon et le vallon de
Saint-Nicolas jusqu'à trois heures et demie du

soir, mais les Prussiens tournant le bois de M. Hache et la ferme de M. Lerichomme, dé-bouchèrent sur le Cours et auraient infailliblement cerné les gardes nationaux qui se trouvaient dans le bois, s'ils n'eussent pas à ce moment quitté cette position où ils étaient d'ailleurs écrasés par la mitraille.

Les éclaireurs s'étant remis en position au Valmonard, dans la briqueterie de M. Lerichomme, soutinrent encore la lutte un certain temps avec beaucoup d'énergie; d'un autre côté des détachements ennemis s'étant avancés jusque dans la maison de Mme veuve Fosse, dominant l'entrée de Bernay, des gardes nationaux de différentes compagnies postés en tirailleurs aux abords de cette maison, luttèrent contre eux avec un grand courage et leur firent beaucoup de mal; mais la nuit arrivant, les Prussiens n'osèrent pas s'avancer plus loin, ils rétrogradèrent pour camper à une certaine distance du lieu du combat.

Ainsi 150 gardes nationaux environ, depuis le fort de l'action, avaient tenu tête à quelques milliers d'hommes formant l'avant-garde du corps d'armée du duc de Mecklembourg, et ces 150 gardes nationaux qui n'avaient que leurs fusils et une mauvaise pièce d'artillerie ont empêché cette masse d'ennemis composée de cavalerie, d'infanterie et d'artillerie, d'entrer dans Bernay le samedi 21 janvier.

Cette hardiesse n'a pas été admise par les chefs ennemis, car lorsqu'ils ont occupé Bernay les jours suivants ils ne voulaient pas croire qu'un si petit nombre de gardes nationaux les eût arrêtés, et ils soutenaient qu'il devait y avoir des troupes régulières et des francs-tireurs.

Dans la nuit du samedi au dimanche le tocsin sonna aux deux paroisses de la ville et annonça aux habitants de Bernay que la lutte allait recommencer avec le jour, plus terrible que la veille, puisque le corps d'armée ennemie tout entier avait pu se rassembler.

La résistance n'était plus possible, quelques coups de fusil furent cependant encore échangés à la porte de la ville le dimanche matin, mais l'administration municipale, voyant le péril extrême, s'employa activement afin de préserver Bernay de toutes les horreurs d'une entrée de vive force. (1)

---

(1) Le *Moniteur de l'Eure* a publié dans son numéro du 13 mai 1871, une lettre qui lui était adressée de Bernay et signée « un garde national, » dans laquelle l'administration municipale est l'objet d'une attaque très-vive par rapport à l'entrée des Prussiens à Bernay le 22 janvier. Nous n'avons pas

.Dans cette lutte héroïque du samedi 21 janvier, les pertes de l'ennemi se sont élevées à près de 250 hommes tués et un grand nombre de blessés, tandis que la garde nationale de Bernay n'a eu que 5 hommes tués ou blessés mortellement et 6 blessés qui ont pu être sauvés.

Par son attitude et son courage, la garde nationale de Bernay a préservé la ville et une partie de l'arrondissement de l'invasion pendant près de trois mois, et sans cette circonstance tout à fait imprévue et exceptionnelle du passage du corps d'armée du duc de Mecklembourg allant d'Alençon à Rouen, l'ennemi ne serait pas entré à Bernay; les détachements qui tournaient tout autour depuis longtemps n'auraient pas osé y pénétrer.

Quelques jours de plus au 21 janvier, l'armistice arrivant, la ville de Bernay aurait été tout à fait préservée.

Honneur donc aux gardes nationaux de

à disculper ici l'administration municipale de Bernay; nous devons dire seulement qu'au vu et au su de tous les habitants, elle a fait courageusement son devoir dans les tristes événements qui se sont passés et que pour tout homme impartial, il est impossible de la rendre responsable des assassinats commis par les ennemis au moment de leur entrée dans la ville.

Bernay, qui, par leur attitude énergique, leur patriotisme et leur courage, ont donné un exemple qui ne doit pas être perdu pour la France.

C'est en vain que ceux qui n'ont pas eu le courage de se défendre diraient que la contribution de guerre imposée à la ville de Bernay a été une peine énorme que cette ville n'aurait pas subie si elle se fut rendue sans défense, ceci est une erreur, car les villes qui n'ont pas fait de résistance ont été rançonnées comme les autres, et d'ailleurs les trois mois de liberté que la ville de Bernay a obtenus en retardant l'invasion chez elle valent bien et au-delà la contribution de guerre qu'elle a payée; il n'y a que les pays envahis qui peuvent témoigner de l'odieuse rapacité des armées Allemandes et de l'état de misère dans lequel leurs contributions et réquisitions de toutes sortes laissent les populations qui en sont victimes.

Un volontaire Bernayen.

RÉPONSE

Dans le numéro du 18 mai 1871, le *Journal de Bernay* reproduit une lettre du correspondant du journal anglais le *Times,* par rapport au passage du corps d'armée du duc de Mecklembourg par Bernay.

Cette correspondance faite avec une négligence et une légèreté extrêmes, donne une triste idée de la manière dont les anglais écrivent l'histoire.

Ce journaliste anglais qui accompagnait le corps d'armée du duc de Mecklembourg dans sa marche du Mans à Rouen, et qui arrivait à Bernay le 22 janvier, vers midi, ignorait que la veille un combat sanglant avait eu lieu depuis onze heures du matin jusqu'à cinq heures du soir, et que ce combat commencé à quelque distance de Bernay s'était arrêté à la porte même de la ville. Il raconte que Bernay fut pris le dimanche de très-bon matin par un escadron de cavalerie et la 12ᵉ compagnie du 90ᵉ régiment qui chargèrent l'ennemi battant en retraite avec tant de vigueur qu'il abandonna cinq pièces de

campagne, dont deux attelées de leurs che-
vaux, sans essayer de s'en servir ou de les
emmener, et il ajoute qu'un seul coup de fusil
fut tiré qui tua un lieutenant du 90e régiment
regardant par une fenêtre d'une maison où il
était entré. Il dit ensuite que le 21 et le 22
janvier il n'y avait eu rien qui ressemblât à
un combat.

Il est tout à fait impossible de rendre un
compte plus infidèle de ce qui s'est passé à
Bernay les 21 et 22 janvier. Il y avait plusieurs milliers de Prussiens devant Bernay le
samedi 21 janvier, et lorsqu'ils sont entrés
le dimanche matin, il y en avait plus de
10,000.

Le journaliste anglais est en contradiction
avec lui-même lorsqu'il dit que le 21 et le 22
janvier il n'y a eu rien qui ressemble à un
combat puisqu'il dit, quelques lignes avant,
que les Allemands chargèrent l'ennemi battant en retraite, etc. Mais le *reporter* du
journal anglais ne s'en tient pas là; il prend
un ton badin et mélange la flatterie à l'ironie,
le plaisant au sérieux, sans songer qu'on ne
joue pas ainsi avec l'honneur d'un pays fai-
sant partie d'une nation qui s'est montrée
souvent généreuse envers la sienne.

Ainsi le correspondant du *Times*, après
avoir dit que Bernay est une ville industrieuse
en temps de paix et une des villes les plus

riches qu'il lui ait été donné de voir depuis qu'il accompagne l'armée Prussienne, raconte que la curiosité semble la passion dominante des habitants de Bernay et leur fait oublier leur crainte, que tous les magasins sont ouverts, que la population de tout sexe et de tout âge est partout dans les rues et aux fenêtres afin de voir pour la première fois les terribles Prussiens. Qu'alors le soldat Allemand, se carrant fièrement derrière la musique militaire qui joue une marche triomphale, se sent payé de ses souffrances, et qu'on voit le beau sexe hésiter visiblement entre les désirs de la coquetterie et les sentiments de son patriotisme.

Les soldats Allemands étaient loin de se carrer fièrement le dimanche 22 janvier, car ils n'entraient à Bernay qu'avec la plus grande crainte; et dans les premiers jours de l'occupation leur peur était si grande qu'ils prenaient des précautions inouïes pour ne pas être surpris par des francs-tireurs qu'ils croyaient cachés dans la ville. Ils refusaient de loger dans les maisons situées dans des allées ou dans celles qui étaient écartées du centre de la ville ou qui étaient avoisinées de bois. Ils avaient des sentinelles placées à chaque coin de rue, des patrouilles sur toutes les routes, des factionnaires à toutes les entrées de la ville et des cavaliers traînant leur sabre dans toutes les rues avec le pistolet au poing. Voilà les braves et terribles Prussiens qui se carraient fièrement le 22 janvier dans les rues de Bernay !

La population de Bernay a montré, le premier jour de l'envahissement comme pendant tout le temps de l'occupation Prussienne, une dignité convenable. Le respect et l'estime des soldats ennemis pour les habitants se sont manifestés hautement quand ils ont quitté Bernay, car ils répétaient tous ces paroles : Braves ! Bernayens. Braves ! Bernayens, et ils sollicitaient tous la faveur d'une poignée de main de ceux qui les avaient tenus si courageusement en échec le 21 janvier.

Le *reporter* du journal anglais parle ensuite d'un franc-tireur qui aurait été trouvé embusqué et nanti d'un pistolet dans Bernay, après son arrivée, et qui aurait été immédiatement exécuté. Il ajoute qu'il a vu son corps comme il venait d'être fusillé gisant sur le trottoir devant la mairie, son pantalon bleu foncé à bande rouge passant sous une longue blouse.

Ici le correspondant anglais se met encore en dehors de la vérité, car il n'est pas exact qu'un franc-tireur ait été trouvé à Bernay et exécuté comme il le dit. Ce qui est vrai, c'est qu'il n'y avait pas de francs-tireurs à Bernay et que les Prussiens ont lâchement assassiné plusieurs gardes nationaux le dimanche matin

après que la ville s'était rendue; et le cadavre
que le journaliste a vu était justement celui
d'un de ces gardes nationaux qui avait été assassiné devant la porte de la sous-préfecture.

Au sujet des francs-tireurs, le journaliste
anglais se fait complètement Prussien et il se
livre à des attaques vigoureuses contre ces
soldats qui défendaient pied à pied leur pays
ne pouvant pas lutter autrement contre ces
hordes d'envahisseurs pourvus d'une artillerie
innombrable alors que nous n'en avions pas à
leur opposer.

Le journaliste anglais trouve qu'il y a dans
cette manière de faire la guerre quelque chose
qui répugne au *franc jeu* qui convient au
soldat.

Hélas ! après les désastres sans nombre qui
ont accablé la France au début de cette guerre,
alors que le roi de Prusse et son ministre
Bismark ayant annoncé qu'ils ne voulaient
combattre que Napoléon III, et que l'ayant
fait prisonnier ainsi que son armée, ils man-
quaient à leur parole en poursuivant la ruine
de la France sans trève ni merci, il aurait
fallu se laisser écraser jusqu'au dernier pour
l'honneur de principes chevaleresques qui
n'auraient pas été compris et dont l'ennemi
se serait moqué ! Les Anglais auraient été à
notre place qu'ils auraient agi avec une rage
peut-être encore plus grande que la nôtre

S'il y a quelque chose de regrettable après cette volonté manifestée de ruiner la France complétement, c'est que tous les Français sans exception ne se soient pas soulevés avec les seules armes qui leur restaient, fusils de guerre, fusils de chasse, pistolets, sabres, faux, haches, etc., pour courir sus à l'ennemi, l'envelopper de toutes parts, le tuer le long des bois, derrière les haies et les banques, dans les creux des chemins, partout enfin où un abri propice se serait trouvé, de cette façon les Prussiens qui ne sont braves que lorsqu'ils sont dix contre un et qu'ils ont de l'artillerie, ne se seraient pas avancés comme ils l'ont fait, ils n'auraient pas saccagé une grande partie de la France et les succès dont ils se font tant de gloire n'auraient pas été de longue durée.

Contre une horde de barbares qui se jettent en masse sur une nation désarmée pour la piller et la dévaster, il n'y a pas de moyens qui ne soient bons pour se défendre, tout ce qui peut aider à combattre doit être employé. Les Allemands s'inquiétaient peu de la moralité et de l'humanité dans leurs moyens d'envahissement lorsqu'ils brûlaient et ruinaient tout ce qui se trouvait sur leur passage. Pourquoi donc, nous qui défendions nos foyers, nos familles, nos femmes, nos enfants, aurions-nous été obligés de montrer de l'huma-

nité vis-à-vis de bandits qui voulaient anéan-
tir la France et qui projetaient cela depuis
longues années alors que nous nous endor-
mions dans une parfaite sécurité!

Le correspondant du *Times*, pour la plume
duquel la vérité ne paraît pas facile, dit qu'il
y avait sur la place de la mairie de Bernay un
immense tas de chassepots qui n'avaient pas
encore été brisés, et dans la halle au blé plusieurs fourgons de munitions et de fusils, et
qu'on trouva plus de 300,000 francs dans la
caisse municipale, et qu'une contribution de
pareille somme fut imposée à la ville.

Il y a une inexactitude et une exagération
énormes par rapport aux fusils trouvés sur la
place de la mairie, ce n'était point des chassepots, mais des carabines Minié qui avaient
servi aux gardes nationaux et qui avaient été
déposées sur l'injonction la plus rigoureuse du
commandant Prussien, publiée dans toute la
ville, annonçant qu'il ferait fusiller tous ceux
qui seraient trouvés possesseurs d'armes quel-
conques; il n'y avait pas un immense tas de
fusils, car beaucoup de gardes nationaux,
malgré la menace terrible du commandant
Prussien, avaient caché leurs armes et les ont
sauvées. Quant aux 300,000 francs trouvés
dans la caisse municipale, hélas! la ville de
Bernay n'a jamais été assez riche pour avoir
une semblable somme dans sa caisse, elle

pouvait d'autant moins avoir une somme importante qu'elle avait eu des charges considérables à supporter depuis le commencement de la guerre et que son budget ne s'équilibre pas souvent par un excédant de recette. Il a été trouvé seulement 155 francs 63 centimes dans la caisse municipale.

Relativement à la contribution de guerre, on sait qu'elle a été réduite à 100,000 francs.

Le récit du correspondant anglais termine par une raillerie contre le prétendu empressement obséquieux dont les Français auraient fait preuve envers leurs hôtes Allemands, et il donne le nom de *servilisme* au sentiment qui, suivant lui, dominait dans leur attitude. Il fait même la remarque qu'il était beaucoup mieux traité quand on le croyait Allemand que lorsqu'on le savait anglais. Enfin il cite quelques faits à l'appui de son assertion, faits isolés qui ne prouvent rien.

Quant au servilisme qui nous est reproché, et qui n'existait que dans l'imagination du journaliste anglais, lequel est passé maître dans cet art, il n'a pas besoin de nous dire qu'on le croyait Allemand plutôt qu'Anglais, ses sentiments apparaissent au grand jour dans ses narrations, mais tout en étant Prussien de cœur et d'esprit, cela ne le dispensait pas de dire la vérité, et il est impossible de la rencontrer dans tout ce qui est sorti de sa plume. L'obséquosité et le servilisme jetés à la face des Français comme une insulte grossière ne peuvent venir que d'une âme basse qui n'a pas trouvé mieux à faire dans cette lutte sanglante que de se ranger du côté du plus fort et de frapper sur le vaincu afin de donner la mesure de sa générosité et de son impartialité comme écrivain anglais.

En résumé, le correspondant du *Times* trompe les lecteurs de ce journal puisqu'ils ne trouvent pas dans ses récits les détails exacts qu'ils devraient y rencontrer. D'un autre côté il avilit la presse en écartant d'elle la dignité, la conscience, la droiture, l'impartialité, et il s'avilit lui-même et se rend méprisable aux yeux des honnêtes gens en employant sa plume à servir ses caprices et ses rancunes, et en foulant aux pieds la vérité.

Le même auteur, LAMBERT,

s.-lieutenant de la 3e compagnie de la garde nationale de Bernay.

www.ingramcontent.com/pod-product-compliance
Lightning Source LLC
Chambersburg PA
CBHW051358050726
47595CB00006B/2615